PIANO • CANTO • GUITARRA

PIANO • VOCAL • GUITAR

¡PURA BACHATA!

ISBN 0-634-05441-4

HAL•LEONARD®
CORPORATION
7777 W. BLUEMOUND RD. P.O. BOX 13819 MILWAUKEE, WI 53213

Visit Hal Leonard Online at
www.halleonard.com

ANTÍDOTO

Words and Music by
RAMÓN MIRABAL GARCÍA

AQUÍ CONMIGO

Words and Music by
WILFRÁN CASTILLO UTRIA

No ne-ce-si-tas ir-te pa-ra ha-cer-me fal-ta

CARIÑITO DE MI VIDA

Words and Music by
LUÍS SEGURA

19

CUANDO TE CONOCÍ

Words and Music by
FRANK REYES

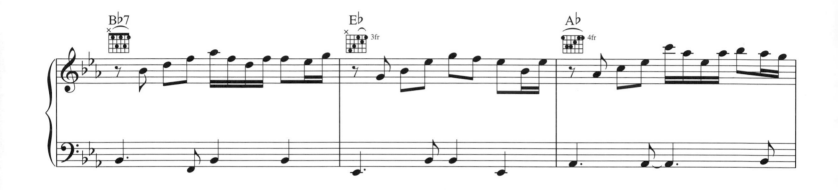

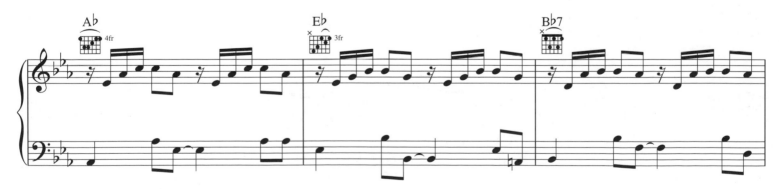

28

Por - que tú e - res pa - ra mí

al - go que ___ en mi vi - da no ha - bia lle - ga - do.

DOS LOCOS

Words and Music by
ALEJANDRO MARTÍNEZ

El tiem - po no ha lo - gra - do que te ol - vi - de, no ha bo - rra - do las hue -

- llas de tu a - mor to - da - vía sien - to el sa - bor

de tu be - sos en mi bo - ca to - da - vía sien - to tus ma - nos

a - ca - ri - cián - do - me la piel. Y yo no quie - ro se - guir _ a - sí, ___

32

EXTRAÑO MI PUEBLO

Words and Music by
FRANK REYES

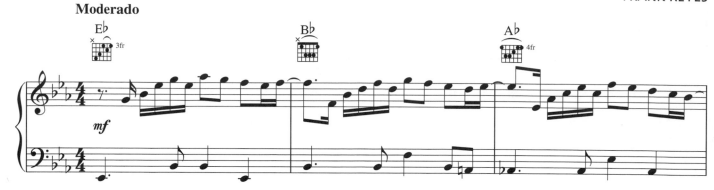

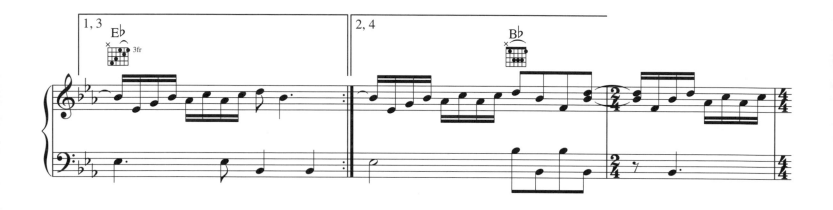

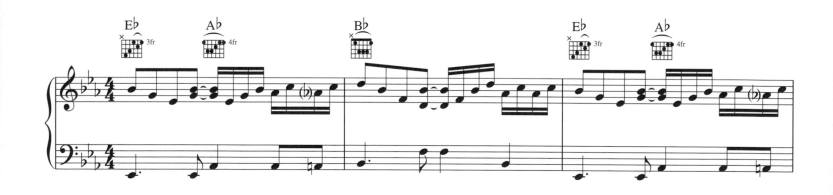

ME DEJASTE ABANDONADO

Words and Music by
DANIEL MONCIÓN

Moderado

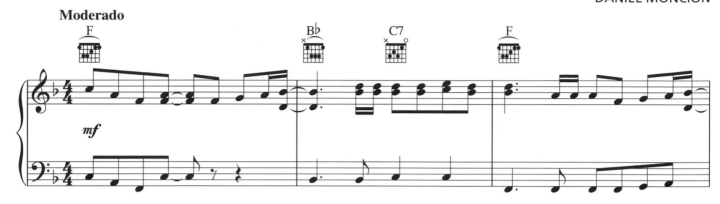

GOTAS DE PENA

Words and Music by
FRANTONI SANTANA

52

¿Qué voy a ha-cer ___ sin el cla - mor ___ de su re - ir, ___ su dul - ce ___ voz? ___

___ Su cruel par - tir ___ me de - ja - rá go - tas ___ de pe - na. ___

To Coda

LA HICE MUJER

Words and Music by
JUAN CARLOS FELIZ

Moderado

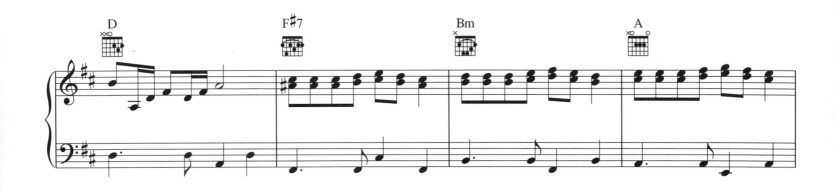

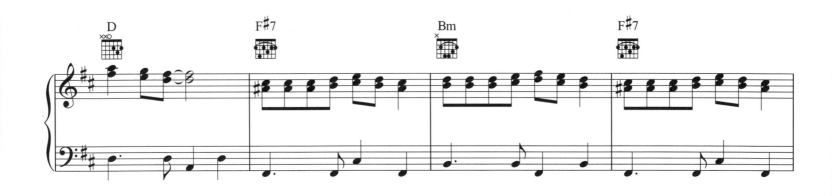

Si ya la hi - ce mu - jer u - ní su piel con mi piel
Di - ce que soy un la - drón que ro - bé tu co - ra - zón

MALQUERIDA

Words and Music by
CHARLIE MOSQUEA

62

MI RECETA DE AMOR

Words and Music by
RENTO ARIAS

68

SE FUE MI AMOR

Words and Music by
FRANK REYES

OLVIDARME DE ELLA

Words and Music by
POLO TOVAR

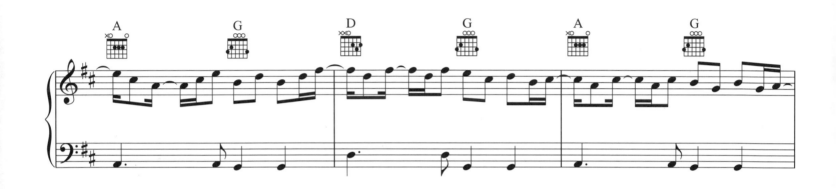

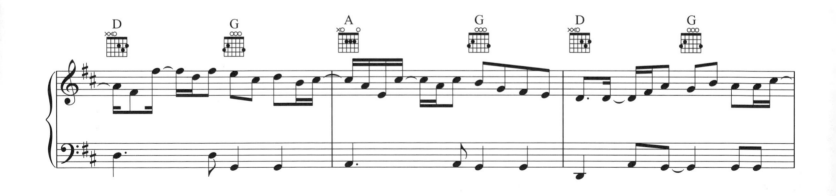

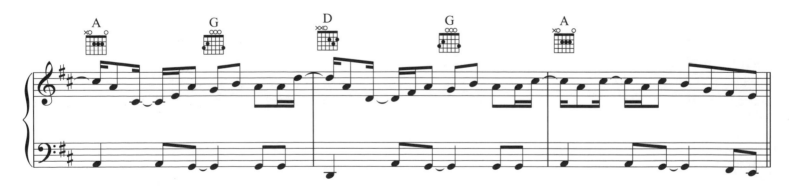

78

PÍDEME

Words and Music by
FRANK CEARA

Pí - de - me mo - rir _____ y mo - ri - ré. _____

POR TU AMOR LUCHARÉ

Words and Music by
HECTOR PEÑA PACHECO

Moderado rápido

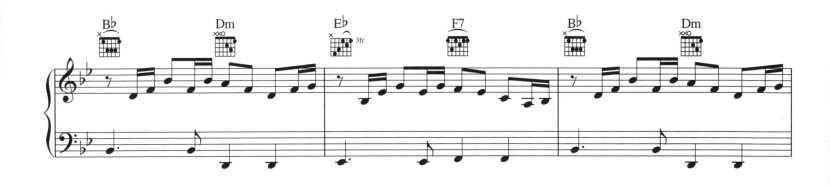

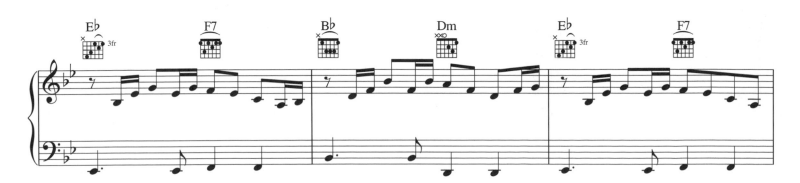

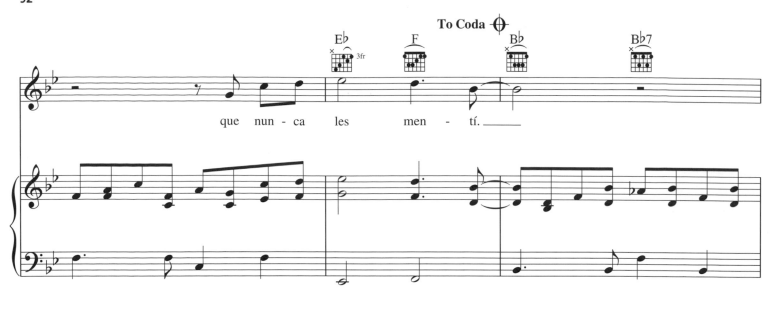

que nun - ca les men - tí. _____

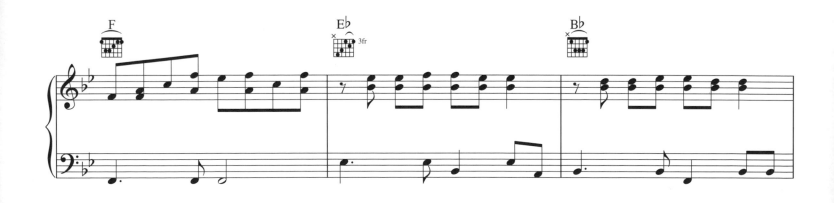

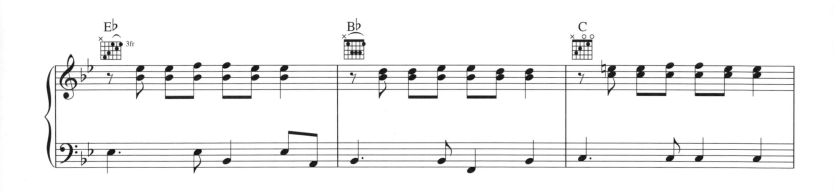

PRESUMIDA

Words and Music by
FELIX MIRABAL

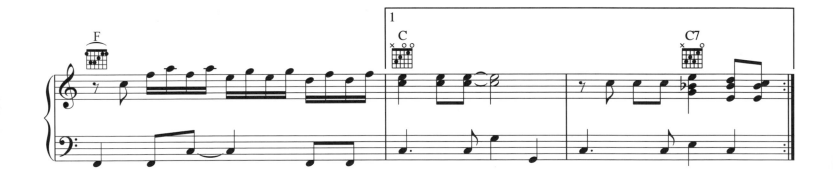

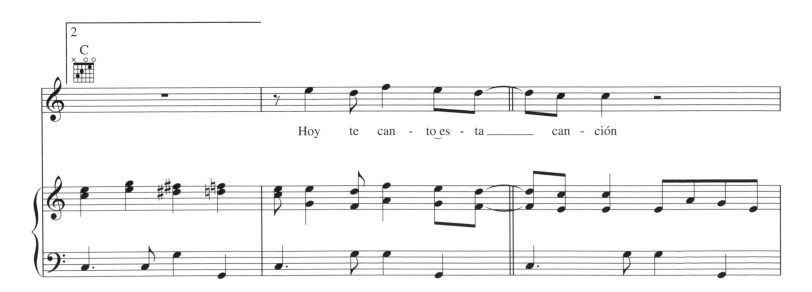

Hoy te can - to es - ta ____ can - ción

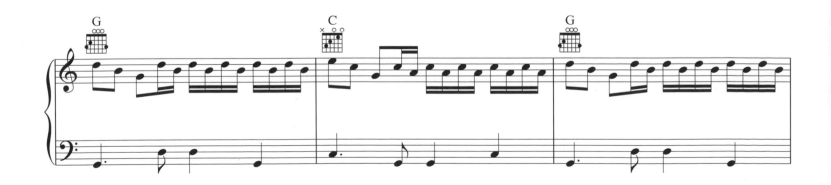

D.S. al Coda

CODA

Que te has cre - i - do ___

QUIÉREME

Words and Music by
CHARLIE MOSQUEA

ple - men - cia de la no - che   so - ñan - do con la   luz   de tu mi - ra - da

an - du - ve los ca - mi - nos mas mal - tre - chos   sal - tan - do em - pal - i -

za - das.   Pa - ra can - tar - te ___

es - tas   pa - la - bras de a - mor. ___

SI TE LLEGO A PERDER

Words and Music by
ANDRÉS MERCEDES ALMONTE

Moderado rápido

Ha - ble - mos de a - mor
Tu me ha - ces_ bien

cuén - ta - me de tí
con tu son - re - ir

di - me que se -
ju - ro que ja -

rás
más

só - lo pa - ra mí.
he que - ri - do a - sí

CODA

No ten - gas mie - do e - li - je un lu - gar ___

___ don - de te pue - da ver _____ don - de tú

pue - da en - tre - gar - me tu a - mor _____ y te pue - da que - rer.

Des - de ha - ce tiem - po es - pe - ro por tí di - me que vas a ha -

TIERRA MALA

Words and Music by
JOSÉ A. MOYA

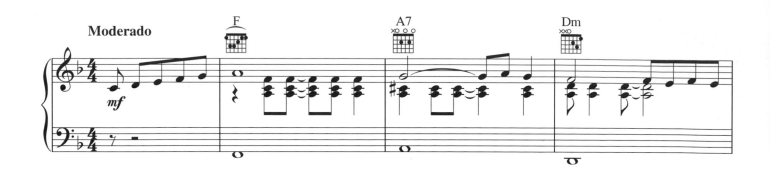

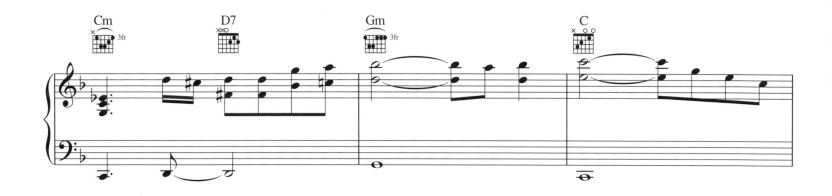

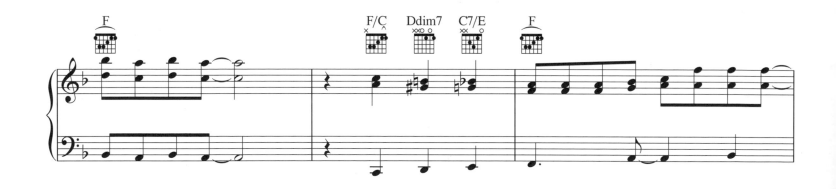

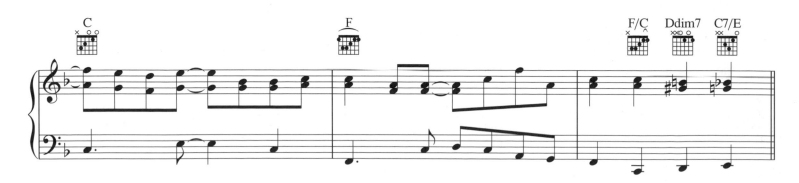

TÚ ÉL Y YO

Words and Music by
JUAN CARLOS FELIZ

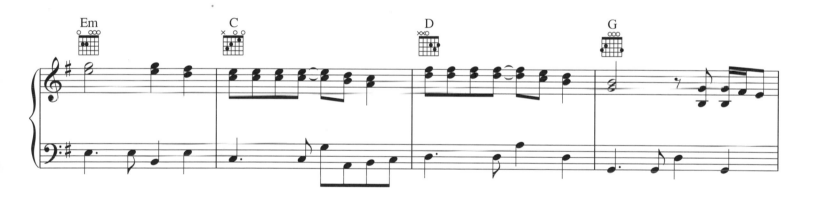

Cuan-do yo te con-o-cí_____ tú es - ta-bas con

le - ra por __ si te que - da __ u - na mi - ga - ja de a-

mor pa - ra cal - mar mi pa - sión. __

sión. __

TÚ ERES AJENA

Words and Music by
ALEJANDRO MONTERO

To Coda ⊕

jas - te   pe - ro tú e - res   a - je - na.

Play 3 times

VEN SÁLVAME

Words and Music by
ALEJANDRO MARTÍNEZ

Ya no me que - dan

Dios te lo pi-do to-ma lo po-co que que-da de mi vi-da. _____

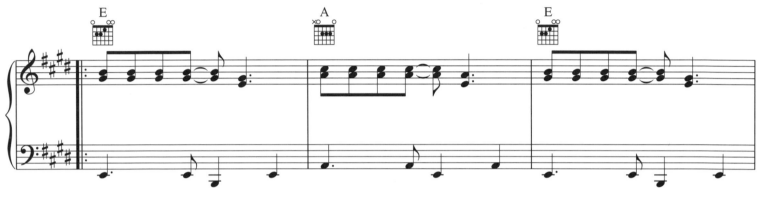

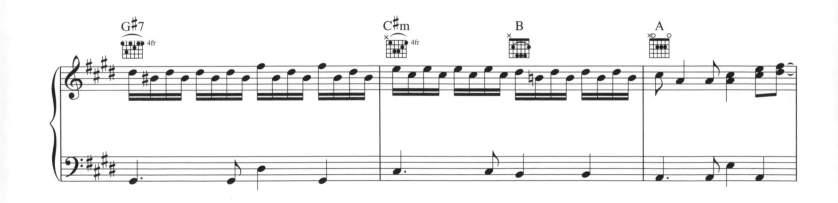

Ya es muy

VENENO

Words and Music by
ELVIS SAMUEL

Si me ma-tan no me mue-ro de al-go yo quie-ro que

140

VINE A DECIRTE ADIÓS

Words and Music by
FELIX MIRABAL

Moderado rápido

Vi - ne a de - cir - te a -
Ya me des - pe - di -

144

YO SÍ ME ENAMORÉ

Words and Music by ALEJANDRO JAÉN
and WILLIAM PAZ

si en mis bra - zos tu tem - bla-bas su-pli - can-do a pu - ro gri - to no me de - jes por

fa - vor.

152